BEI GRIN MACHT SICH IHR WISSEN BEZAHLT

- Wir veröffentlichen Ihre Hausarbeit,
  Bachelor- und Masterarbeit

- Ihr eigenes eBook und Buch -
  weltweit in allen wichtigen Shops

- Verdienen Sie an jedem Verkauf

Jetzt bei www.GRIN.com hochladen
und kostenlos publizieren

Roxana Romahn

Die Motivik des Löwen in Friedrich Schillers „Der Handschuh"

GRIN Verlag

Bibliografische Information der Deutschen Nationalbibliothek:

Die Deutsche Bibliothek verzeichnet diese Publikation in der Deutschen National-
bibliografie; detaillierte bibliografische Daten sind im Internet über http://dnb.d-
nb.de/ abrufbar.

Impressum:

Copyright © 2009 GRIN Verlag GmbH
Druck und Bindung: Books on Demand GmbH, Norderstedt Germany
ISBN: 978-3-656-34233-5

Dieses Buch bei GRIN:

http://www.grin.com/de/e-book/206510/die-motivik-des-loewen-in-friedrich-schillers-
der-handschuh

GRIN - Your knowledge has value

Der GRIN Verlag publiziert seit 1998 wissenschaftliche Arbeiten von Studenten, Hochschullehrern und anderen Akademikern als eBook und gedrucktes Buch. Die Verlagswebsite www.grin.com ist die ideale Plattform zur Veröffentlichung von Hausarbeiten, Abschlussarbeiten, wissenschaftlichen Aufsätzen, Dissertationen und Fachbüchern.

Besuchen Sie uns im Internet:

http://www.grin.com/

http://www.facebook.com/grincom

http://www.twitter.com/grin_com

Universität Mannheim Datum: 20.04.2009
Seminar für Deutsche Philologie
Seminararbeit in der Neueren Deutschen Literaturwissenschaft

Die Motivik des Löwen in Friedrich Schillers „Der Handschuh"

Inhaltsverzeichnis

1. Einführung

Herausragende Leistungen unter Schillers Mittelalterballaden sind 'Der Handschuh' und 'Der Taucher', [1]

Dieser Aussage *Daus* kann man sich nur anschließen, wenn man die einzelnen Motive und ihre Zusammenhänge einmal näher betrachtet. Auf den ersten Blick mutet die Ballade zwar wie eine „im einzelnen geglückte und interessante, im ganzen jedoch uneinheitliche und daher unbefriedigende Dichtung"[2] an. Offenkundig ging es Schiller nur darum, eine fast banal wirkende, historische Anekdote zu verwerten und den Leser nur zu amüsieren und zu unterhalten. Näher betrachtet erschließt sich jedoch eine Fülle an literarischen Dimensionen und Interpretationsmöglichkeiten.

Schiller selbst mag auch Schuld an der eher stiefmütterlichen Behandlung des „Handschuhs" tragen, denn am 18. Juni 1797 bezeichnete er ihn selbst in einem Brief an Goethe als „ein kleines Nachstück zum Taucher, wozu ich durch eine Anecdote[sic!] in S. Foix Essay sur Paris aufgemuntert wurde."[3] Damit legt er den Status dieser Ballade selbst fest und setzt sie so gesehen hinter den „Taucher" zurück.

Auch wenn der Reiz des Stückes hauptsächlich den anekdotischen Gegebenheiten gilt[4] ,so kann man trotzdem sagen, dass sich eine Betrachtung der kürzesten aller schillerschen Balladen durchaus lohnt.

Hier soll nun das Augenmerk auf einen ganz speziellen Aspekt gelegt werden. Zu betrachten ist die Löwenmotivik und ihre Wirkung. Es soll geklärt werden, ob der Löwe aus reinem Zufall als eines der drei Gefahren, die den Ritter Delorges bedrohen, gewählt wurde, oder ob andere Beweggründe vorlagen.

Darüber hinaus finden sich auch Anhaltspunkte in Verbindung mit dem Löwen- und Königsmotiv, die die Anekdote sowohl räumlich als auch zeitlich verankern. Zusätzlich soll dargestellt werden, dass die äußere Form der Ballade keineswegs zufällig gewählt wurde, sondern korrespondierend zum Inhalt bewusst gewählt wurde.

2. Der Löwe bei Schiller
2.1. Die Löwenmotivik in der Kulturgeschichte

Aus der gesamten Kulturgeschichte ist bekannt, dass Löwen nicht nur beliebte Wappentiere waren, sondern schon in den antiken Sagen von Äsop als weise und gutmütig gilt. Schon

---

[1] Rudolph Dau: Geschichtsbild und klassische Lyrik, S.200.
[2] Ferdinand Piedmont: Ironie in Schillers Ballade „Der Handschuh" , S.105
[3] Emil Steiger (Hg.): Der Briefwechsel zwischen Schiller und Goethe, S. 344.
[4] Vgl. Ferdinand Piedmont: Ironie in Schillers Ballade „ Der Handschuh" ,S. 105

antike Herrscher verglichen sich mit dem Löwen, so wurde unter anderem Alexander der Große auch als „Löwe von Makedonien" bezeichnet.

Vor allem im Mittelalter setzte sich der Löwe als Symbol des Königs der Tiere und Stellvertretend somit für menschliche Könige durch. Diese Tradition zieht sich wie ein roter Faden quer durch die gesamte europäische Geschichte und durch sämtliche europäische Staaten. Zu nennen wären hier unter anderem der „zermalmende Löwe" Karl der Große, Heinrich der Löwe, Richard Löwenherz, der „gehörnte Löwe" Karl von Anjou, der „walisische Löwe", Llewwelyn und der „streitende Löwe" Rudolph von Habsburg[5].

Das Löwenmotiv hat sich also über Jahrhunderte hinweg als das edle und vornehm-tapfere erwiesen und ist eigentlich nur positiv besetzt worden. Es stand für Stärke, Mut und Unbeugsamkeit. In gewisser Weise verkörperte das Löwenmotiv fast alle mittelalterlichen Tugenden. Weisheit, Gerechtigkeit, Barmherzigkeit, Stärke, Mäßigkeit und Güte schien sich von den so betitelten Herrschern förmlich auf den Löwen zu übertragen.

Worin sich auch eine gewisse Ironie Schillers widerspiegelt, denn auch hier ist der Löwe der beherrschende, der die anderen Tiere zur Raison bringt. Während König Franz selbst als Vertreter der Menschen und sozusagen als menschliches Gegenstück des Löwen eher negativ ins Auge fällt, da er es ist, der diesen Kampf zu einem Spiel degradierte und zu seinem reinen Amüsement einen Kampf um Leben und Tod inszeniert. Schiller nutzt also das positiv besetzte Löwengleichnis „zur Verdeutlichung einer antagonistischen Widersprüchlichkeit, die durch die Aufhebung der antik-mythologischen Einheit von Mensch und Natur noch unterstrichen wird."[6]

Auch Goethe verwendete das Löwenmotiv in seinem Reinecke Fuchs Epos, wo wiederum der Löwe den Rang eines Königs trägt.

2.2. Verortung der Ballade im Zusammenhang mit Löwen

Zuerst wird in der Ballade „der Raum, die Szenerie, abgesteckt, und es wird das Geschehen genannt, das sich darin vollziehen soll"[7]

Anders als in der heutigen Politik betritt der wichtigste Akteur des grausamen Schauspiels zuerst die Bühne. Im Beginn der Ballade wird zusätzlich erwähnt, dass der König, welcher im Folgenden mit dem Löwen verglichen werden soll, bereits anwesend ist.

Schon seit althergebrachten Zeiten betreten die Herrscher und somit die Hauptpersonen erst dann die Bühne des politischen Parketts, wenn bereits alle anderen und somit ihr Publikum

---

[5] Vgl. Dirk Jäckel: Der Herrscher als Löwe
[6] Rudolph Dau: Geschichtsbild und klassische Lyrik, S. 194
[7] Ferdinand Piedmont: Ironie in Schillers Ballade „Der Handschuh", S. 106

vor Ort sind. Dass nun der Löwe offenkundig nach dem König und dem restlichen Publikum den „Löwengarten"[8] betritt setzt ihn so schon in gewisser Weise über den König. Dies ist das Reich des Löwen. Vielleicht ein Hinweis Schillers auf die Lokalisation des Schauspiels. Diese Interpretation liegt nahe, denn in oben bereits Erwähnten Brief Schillers an Goethe von 1797 nennt Schiller präzise Germain Francoise Poullain de Saint-Foix´ "Essais historiques sur Paris" als Quelle:

Sieht man sich diese Quelle Schillers genauer an, so erkennt man deutlich die Parallelen „Delorges"[9], der Name des Ritters ist hierbei nur die auffälligste Übereinstimmung. Somit ist wohl durch Schillers Nennung und die überwältigenden Gleichnisse beider Inhalte, sicher anzunehmen, dass Schiller sich tatsächlich auf diesen kurzen Abschnitt als Quelle bezog.

Besonders interessant wird die Quelle wieder in Bezug auf das Löwenmotiv. Denn Ort und Zeitraum werden durch diese Quelle noch weiter präzisiert. Saint-Foix nennt Francoise I (siehe Abb. 2), der von 1494 bis 1547 lebte, als König, was durchaus mit Schillers König Franz gleichzusetzen ist. Als Ort wird die Rue de Lions genannt, deren „bâtiment et des cours où étoient renfermés les grans et petits lions du Roi"[10] beherbergte. Die Rue de Lions liegt in Paris, wodurch nochmals Francois I als französischer König und regieführender König in Schillers Ballade wahrscheinlich wird.

Tatsächlich soll dieser König eine Schwäche für die Löwen gehabt haben und sogar einige Exemplare in Paris gehalten haben, um sie bei Bedarf zu seiner Zerstreuung in Spielen einsetzen zu können.

2.3. Die Löwenstrophe

Schillers Handschuh baut sich völlig logisch auf. Beginned mit der Vorstellung der Situation wird man vertraut gemacht mit Zeit, Ort und Umständen der Handlung. Zuerst werden der König und die höfische Gesellschaft beschrieben, die dem bevorstehenden Spektakel entgegenfiebern. Der König betätigt sich hierbei als eine Art Dirigent, der die Situation scheinbar unter Kontrolle hat und nur mit einem Fingerwinken[11] den Beginn markiert.

Die Raubkatzen betreten die Bühne und der Leser wird überrascht, denn nun nimmt die Ballade eine Wendung, die allein in Verbindung mit dem Titel kaum ersichtlich scheint.

---

[8] Friedrich Schiller: Dramen und Gedichte, S. 1059.
[9] Germain Francoise Poullain de Saint-Foix: Essais historiques sur Paris, S. 202 sowie Friedrich Schiller: Dramen und Gedichte, S. 1060, Z. 48.
[10] Germain Francoise Poullain de Saint-Foix: Essais historiques sur Paris, S. 202
[11] Friedrich Schiller: Dramen und Gedichte, S. 1059, Z. 7

Nicht Löwen allein, wie bei Saint-Foix und anderen, sind im Spiel, sondern, neben einem
Löwen (...), ein Tiger (...) und zwei Leoparden: Jede Variation bedeutet die Potenzierung des
Grausigen, zu dessen Genuß sich der Hof versammelt hat.[12]

In insgesamt drei Tierstrophen werden imposant diese drei Tierarten vorgestellt, wobei Schiller sowohl bei deren Beschreibung als auch der äußeren Form der Ballade eine impressionistische Sensibilität[13] aufzeigt, die ihresgleichen sucht.

Die ausführliche Schilderung der Tiere beginnt mit dem Löwen, der zuerst den Zwinger betritt. Die sogenannte Löwenstrophe umfasst insgesamt 10 Zeilen und ist bereits als zweite Strophe der Ballade angelegt. Im Vergleich zur ersten Strophe wirkt sie mächtiger und vielleicht auch ein bisschen wuchtig.

Der Rhythmus beginnt zuerst etwas stockend geht dann aber recht schnell in einen flüssigen und gleichmäßigen Ton über, der als monoton empfunden werden kann. Der Grund hierfür dürften wohl die spannungslosen Parallelismen der Reimpaare sein.[14]

Die Reimart ist einfacher Paarreim, dessen Gegenstücke nicht immer originell wirken. Die Reime sind in den Zeilen 7 und 8 „Finger": „Zwinger", in den Zeilen 9; 10 „Schritt": „tritt", in den Zeilen 11; 12 „stumm": „um", in den nachfolgenden Zeilen 13; 14 „Gähnen": „Mähnen" und in den letzten Zeilen der Löwenstrophe 15; 16 „Glieder": „nieder".

Vergleichend mit den zwei folgenden Strophen des Tigers und der Leoparden wird schnell klar, welches Konzept Schiller hier verfolgt. Die Tigerstrophe wirkt eher hektisch und gehetzt, was gut an ihren wechselnden und unregelmäßigen Kreuz- und Paarreimen zu liegen scheint. Die Leopardenstrophe hingegen unterscheidet sich wiederum von den beiden vorangehenden, indem ihre erneuten Paarreime eine Art Crescendo-Effekt bewirken, der dem Leser das Ansteigen der Spannung fast greifbar macht.

Es ist offenbar, dass Zeile, Strophe und Reim ihr Gesetz hier allein vom Gegenstand
empfangen, dass sie bewusst dazu benutzt werden, tierische Bewegung rhythmisch-lautlich
nachzuahmen, ja zu imitieren.[15]

Piedmont bezeichnet diese gelungene Nachahmung als „sprachliche Imitation"[16], da die äußere Form den Inhalt unterstützt und so das Tierschauspiel zu einem Glanzstück der Literatur macht.

---

[12] Norbert Oellers: der „umgekehrte Zweck", S. 391.
[13] Ferdinand Piedmont: Ironie in Schillers Ballade „Der Handschuh", S. 107
[14] Ferdinand Piedmont: Ironie in Schillers Ballade „Der Handschuh", S. 107
[15] Ferdinand Piedmont: Ironie in Schillers Ballade „Der Handschuh", S. 108.

2.4. Vergleich des Löwen mit dem Menschen

Fast sensationslüstern wird diese geballte Wildheit in einem kontrollierten Umfeld des Gartens und der Gesellschaft, die den Garten „rings auf hohem Balkone"[17] umschließt, dargestellt. So erzeugt die Situation zwar eine unglaubliche Faszination, doch die Angst und die eigentliche Bedrohung durch die ungezähmten Tiere tritt fast nebensächlich in den Hintergrund.

Von vornherein tritt der Löwe als Tierkönig dem Menschenkönig Franz gegenüber. Sein Auftritt strahlt dieselbe Würde und Langeweile aus, die offenbar auch seinen königlichen Zuschauer umgeben. Im Tumult der über den Tiger herfallenden Leoparden ist es der Löwe, der sich majestätisch aufrichtet und ein Machtwort spricht, dem sich die Mordsucht beugt.[18]

Hinzu kommt noch das eigenartige Verhalten der Tiere selbst nach diesem Geschehen hatten sich die Tiere kurz zu einem Ausbruch purer Gewalt hinreißen lassen, so glänzen sie jetzt mit fast gespenstischer Ruhe.

Wieder überrascht Schiller den Leser mit einer fast ironischen Geste. Die Erwartungshaltung des Lesers, der weiß, dass diese Stille vor dem Sturm nicht anhalten wird, wird völlig enttäuscht, indem etwas Banales wie ein Handschuh fällt.

Kein Kampf, kein Morden oder sonst etwas, dass man im Angesicht eines arena-ähnlichen Aufbaus mit wilden Tieren wie seinerzeit im Kolosseum erwarten würde.

In diese retardierende Stille fällt der Handschuh als auslösendes Moment.[19] Dieser fast gewöhnliche Akt verlagert nun aber die Handlung weg von den wilden Tieren und hin zu ganz anderen Schrecknissen. „Die Dame Kunigunde inszeniert auf der Bühne des Kampfspiels eine Liebesprobe"[20] Die fast fühlbare Spannung wird auf einer ganz anderen Bühne ausgetragen und die natürliche Wildheit der Tiere im Vergleich zu der berechnenden Leichtfertigkeit der Menschen wirkt geradezu harmlos. „Das Verhältnis von Mensch und Natur beherrscht die Bildwelt der Ballade."[21]

Die erneute Enttäuschung der Erwartung des Lesers zieht sich konstant durch die gesamte Ballade, was wiederum deren Reiz ausmacht.

---

[16] Ferdinand Piedmont: Ironie in Schillers Ballade „Der Handschuh", S. 105.
[17] Friedrich Schiller: Dramen und Gedichte, S. 1059, Z. 5.
[18] Ferdinand Piedmont: Ironie in Schillers Ballade „Der Handschuh", S. 109.
[19] Hinrich C. Seeba: Friedrich Schiller: Der Handschuh, S. 63.
[20] Hinrich C. Seeba: Friedrich Schiller: Der Handschuh, S. 63.
[21] Rudolph Dau: Geschichtsbild und klassische Lyrik, S. 203.

3. Schlussbetrachtungen

Die klare gesellschaftliche Fundierung[22] und die fast theatralische Vorstellung der Tiere und des Geschehens wollen sich anfangs nicht so richtig in die Reihe Schillers großer Balladen einfügen. Zudem ist der Handschuh die kürzeste Ballade Schillers. Vielleicht hat er sie auch deshalb nur als ein Nachstück zu dem „Taucher" angesehen. Auch Goethe ging dies betreffend nicht konform mit Schiller. Aus dem Briefwechsel der beiden von 1797 geht hervor, dass Goethe eher geneigt war, den „Handschuh" als eine Art Gegenstück zu dem „Taucher" anzusehen[23], wofür er auch genügend Beispiele vorweist.

„Der Handschuh" gehört jedoch zu den Werken, die im sogenannten Balladenjahr 1797 entstanden und zählt zu den Mittelalterballaden und wurde zusammen mit vielen von ihnen 1798 im Musenalmanach veröffentlicht.

Die Vielschichtigkeit des Handschuhs erschließt sich vielleicht nicht auf den ersten Blick, doch bei genauer Betrachtung bietet der Handschuh ein reiches Repertoire an Motiven und Symbolen. Der Löwe ist nur eines von ihnen, sollte jedoch auch nicht unterschätzt werden. Den „Handschuh" als eine bloße kunstvoll beschreibende Anekdote zu sehen, wird der Ballade und ihrer poetischen Idealisierung eindeutig nicht gerecht und wäre doch sehr kurzsichtig.

---

[22] Rudolph Dau: Geschichtsbild und klassische Lyrik, S. 200.
[23] Norbert Oellers: Der"umgekehrte Zweck", S. 392.

4. Literaturverzeichnis

4.1. Primärliteratur

SCHILLER, Friedrich: Dramen und Gedichte. Hg. V. der Deutschen Schillergesellschaft. Jubileumsausgabe zum 150. Todestag Friedrich Schillers. Stuttgart 1955.

SAINT-FOIX, Germain Francois Poullain de: Essais historique sur Paris. Nouvelle Édition. Revue, corrigée. London 1759.

4.2. Sekundärliteratur

DAU, Rudolph: Geschichtsbild und klassische Lyrik: zur Wechselbeziehung von Geschichtspublizistik und lyrischem Schaffen in Friedrich Schillers Beitrag zur „Weimarer Klassik"; unter besonderer Berücksichtigung seiner klassischen Balladen. Humboldt-Univ., Diss.. Berlin: 1973

JÄCKEL, Dirk: Der Herrscher als Löwe. Ursprung und Gebrauch eines politischen Symbols im Früh- und Hochmittelalter. ´Beihefte zum Archiv für Kulturgeschichte´. Köln: Böhlau 2006.

OELLERS, Norbert: Der „umgekehrte Zweck" der „Erzählung" ´Der Handschuh´. Lieselotte Blumenthal, der verehrten Lehrerin, zum 30.09.1976, In der Hoffnung auf viele weitere Jahre gemeinsamer Arbeit. In: Jahrbuch der deutschen Schillergesellschaft. Internationales Organ für neuere deutsche Literatur. Hrsg. von Fritz Martini [u. a.]. Ausgabe 20. Stuttgart: Krömer 1976.

PIEDMONT, Ferdinand: Ironie in Schillers Ballade „Der Handschuh". In: Wirkendes Wort: deutsche Sprache und Literatur in Forschung und Lehre. Ausgabe 16. Düsseldorf: Schwann 1966.

SEEBA, Hinrich C.: Friedrich Schiller: Der Handschuh. In: Gedichte aus sieben Jahrhunderten: Interpretationen. Hrsg. und bearb. Von Karl Hotz. Bamberg: Buchner 1900.

STAIGER, Emil (Hg): Der Briefwechsel zwischen Schiller und Goethe. Rev. Neuausg. v. Hans-Georg Dewitz. Frankfurt: insel 2005.